汽车怎么跑

(韩)金必洙 著　金明军 译

化学工业出版社

·北京·

序

"梦想总是会实现的！"

世界上所有正在学习的孩子们，他们总是充满着好奇心，从妈妈肚子里为什么会怀着弟弟妹妹，到爸爸的汽车是怎样跑起来的……

我们的书店里有许许多多关于汽车的儿童图书，介绍汽车外形和种类的图书随处可见，但是除了汽车的专业学习用书以外，少儿书中很难看到讲解汽车内部构造并简略说明汽车工作原理的图书。因此Junion GoldenBell策划团队以孩子们为目标读者、以"汽车怎么跑"为主题精心策划了这本书，把汽车构造和工作原理的相关内容以视觉化的方式展示给孩子们，包括汽车的"粮食"——燃油，汽车的"心脏"——发动机，汽车的启动和停止、力量和速度、减振和舒适以及概念型环保汽车等。尤其引以为自豪的是，书中不但将典型汽车的内部以插图的方式形象地展现了出来，还附上了简单的说明，让小读者们更容易理解汽车的构造和功能。

汽车是机械、电气、电子、化学、物理、材料力学等多学科的结合体，在不久的将来，无人驾驶汽车甚至还会出现在我们的生活中。不可否认的是，富于憧憬的孩子们都是怀着一颗好奇的心来一点一点地认识汽车，这个过程也是他们成为未来的科学家所迈出的第一步。

这次韩国GoldenBell出版社的韩语版将由中国的化学工业出版社译成中文并出版，我们对此非常欢迎。希望有更多的孩子通过阅读这本书更加了解汽车！

GB策划中心

目录 Stop & Start

1 追逐梦想的**概念车** Future Car 1
2 **F1赛车** 极速盛宴 Motor Sports 6
3 DIY汽车的**赛跑** Do it yourself. Car race! 10
4 **发动机** 汽车的"心脏" Engine 17
5 **燃油**的种类和用途 Gasoline Refinement 20
6 **进气系统** 汽车也需要"吸气" Air Intake System 22
7 平顺的运转需要**机油**的"援手" Oil Pump 23
8 **燃烧系统** 喷出熔岩般的火焰 Ignition System 24
9 **变速器** 调节动力和速度 Transmission 26
10 **悬架系统** 缓解冲击和疲劳 Suspension 34
11 **制动系统** 停止的"达人" Brake System 36
12 **方向盘**的"意愿" 说走就走 Steering System 38
13 **排气净化** 排出干净的空气 Muffler 40
14 **安全驾驶** 为大家带来笑容 Safety Drive 42
15 **生产制造** 汽车的"生日" Manufacturing Plant 47

让我们来一起了解汽车是怎么跑的吧！

汽车透视图！

详细内容参见对应页码！

进气系统
Air Intake System
22页

发动机
Engine
16~19页

机油泵
Oil Pump
23页

变速器
Transmission
26~27/30~33页

转向系统
Steering System
36~39页

消音器
Muffer
40~41页

悬架
Suspension
34~35页

制动系统
Brake System
36~37页

1 追逐梦想的概念车

Future Car

奥迪设计的eOra和eSpira

eOra和eSpira

这两款车是由奥迪公司设计的概念车,计划在2030年上市。它们与传统车辆的不同之处在于没有配备方向盘、刹车踏板和加速踏板,只需要通过驾驶员身体的倾斜和前后动作就可以改变行驶方向,完成加速和减速。

本田Helix

Helix是由本田公司设计的一款概念车,它拥有光滑的外形,可以根据驾驶员的个人爱好来改变车体的形状、颜色和材料,它的车身也可以根据道路的宽窄而伸缩。

概念跑车

一种可以穿梭于天空、陆地和海洋的概念车。

未来还会有什么样的车登场呢？

据说2030年将会建成一条叫作Grid的可通电的高速公路，未来的汽车可以像火车一样行驶在轨道上，每辆汽车首尾相接、成群结队地行驶。

小贴士：在不久的将来，驾驶员甚至可以不必亲自驾驶汽车。

eSpira
eSpira继承了20世纪跑车的外观，它甚至可以感知驾驶员的细微动作，并据此来改变行驶状态，所以它是一辆速度飞快且非常智能的汽车。

eOra
eOra可以根据驾驶员的动作变换多种形状，它的轮胎也可以像从高山上忽左忽右下来的滑雪运动员一样，非常敏捷地移动。

日产V-EG

V-EG是一辆概念车,曾在2009年洛杉矶车展的设计师挑战者大赛中夺得冠军,它可以在Grid高速公路上行驶。因为这辆车的制作材料是环保的,可完全回收再利用,所以它也是一辆环保型的概念车。

这辆V-EG是比赛用车,在不久的将来会有很多电动汽车比赛。

这辆V-EG与上面的V-EG有着不同的颜色和材料,它专为非铺装路面而造。这辆车拥有"升级套装"的多样车身形态,所以可以根据驾驶员所喜好的风格而轻松地改变车辆外观。

F1赛车极速盛宴 2
Motor Sports

尾翼
赛车尾部的"翅膀",需安装在较高的位置,从而防止车体离开地面飞向空中。

车身
赛车的主体部分。

前翼
赛车前部的"翅膀",与尾翼的作用类似,使赛车紧贴地面。

扩散管
用来加快赛车后部与地面之间的空气流动速度,使赛车更加紧贴地面。

动能回收系统(KERS)
储存制动时产生的能量的装置,从而使赛车在高速行驶中能够有更多可以利用的能量。

光滑轮胎
一种没有花纹的轮胎,因为没有凹槽,所以能使赛车跑得更快。

宝马（BMW）
索伯车队的 F1.08

BMW 索伯车队2008款F1赛车

F1.08与2007款的F1赛车相比，有着无与伦比的稳定性和优越性，它的主要特征是配备有多样的气坝，减少车辆底部流过的空气，降低车辆的风阻系数。在2008年加拿大GP大赛中，F1.08获得了历史性的第一场胜利。

雷诺 R28

雷诺2008款F1赛车

R28是雷诺2008款的F1赛车,是继2007年获得最差战绩的R27之后登场的新款赛车。2007款雷诺采用了独一无二的"V Keel"结构,而2008款雷诺又重新采用与其他车队一样的"Zero Keel"结构。此外2008款雷诺在其他多个方面也都回归到了传统风格,但车队的最佳成绩还是止于第四位。

为了获得胜利,F1赛车每年都要不断变身。

3 DIY汽车的赛跑
Do it yourself. Car race!

下面是DIY赛车比赛的现场，这项赛事的目的是安全地驶出最高速度。比赛中的赛车都是由世界各地的大学生亲自动手制作的。

● 车辆技术检查
车辆技术检查（包括安全系数、设计条件、驾驶员5秒内逃生等）是非常重要的审查项目，要获得综合优胜就必须先通过这些检查。

●动态竞技

动态竞技包括0~75米的加速度测试、八字形赛道转弯性能测试、约800米的赛道行驶2圈的记录，行驶约22千米的记录和燃油消耗量也会记入评价。综合以上所有项目的成绩来确定最后的综合优胜者。

●静态竞技

静态竞技就是举行关于DIY赛车的说明会，审核者将说明内容与赛车制作前提出的预估费用和报告书进行比较，审查是否相符合。这样做既能了解赛车的制作过程，也能评价所采用的技术是否适合市场销售。

富有热情的赛车开发

有些人可能会好奇,大学生制造出来的赛车到底能不能达到他们所期待的速度?为了制造出优良的赛车,大学生们都满怀热情,尽他们最大的努力去做。最终他们DIY赛车的行驶速度能够达到每小时60千米。

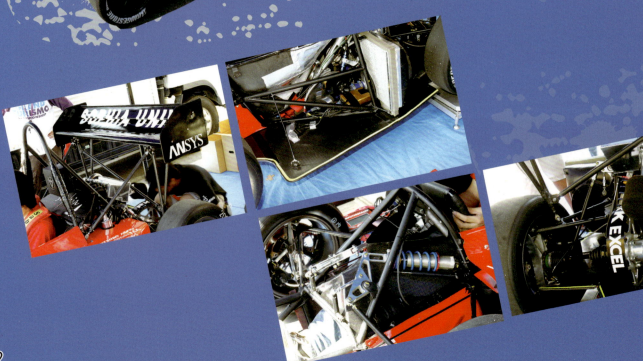

独特的赛车车身

这辆赛车采用了铃木天浪650发动机和发动机偏置布局的车架,从而拥有很好的车身韧性和强大的加速性能,因此它在比赛的区间最高速度排名中稳居前列。

DIY ECU

打造这辆车的大学生们特别致力于让赛车可以平顺地完成转弯行驶并精确地停到指定位置。因为连ECU(用计算机操控汽车的电子控制装置)也是自制产品,所以这辆车在此次大赛中颇受欢迎。

轻巧的车身

这辆赛车最大的特征是车身上完全没有多余的材料，完美打造了轻巧的车身，这主要得益于他们采用的材料同塑料瓶一样轻，车身的厚度仅为0.5毫米，而且这种材料十分有助于保护环境。

安装DIY微型计算机控制系统

这所学校的大学生们自2004年第一次参加这项赛事以来，就总是将发动机安装在车身的侧面。这辆赛车可以通过计算机控制踏板来改变车速，从而达到更大的扭矩，获得更好的加速性能。

采用含碳材料连接车架与车身

为了减轻车身重量,这辆赛车采用了含碳材料的系统来连接车架与车身,含有碳成分的材料具有轻且坚韧的性质。

安装马鲁蒂800的微缩发动机

这辆车装载了马鲁蒂800的微缩发动机(印度销售),并在此基础上安装了变速器。这辆车因使用了非自制的发动机而备受关注。

4 [发动机]
Engine
汽车的"心脏"

梅赛德斯-奔驰　MERCEDES BENZ

4.2L V8 DOHC M119 E级(W124)

● 至今依然技术出众的发动机

这台发动机自1987年开始就装载于奔驰E级轿车上,因为它的实用性和技术性能都很好,所以至今仍然声名显赫。

小贴士
据说这台发动机有着庞大的体积,能驱动汽车飞快行驶。

雪佛兰　CHEVROLET

7.0L V8 OHV Z06 6E

● 出色的大型发动机,美国制造

这台发动机装载于科尔维特 Z06 6E 轿车上,这辆车是人们期望至少能获得一次驾驶机会的车型之一。

凯迪拉克　CADILLAC

XLR 4.6L V8 DOHC 北极星 4M

● 设计合理、功能强大的发动机

这台发动机装载于XLR轿车上，属于美式设计，是一台高性价比的发动机。

丰田　TOYOTA

1.0L 直列3缸 1KR-FE 帕索

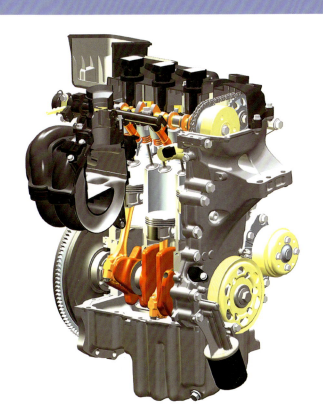

● 轻巧且高效的小型发动机

这台发动机装载于大发BOON轿车和丰田帕索轿车上，被评价为始终遵循发动机基本理论的高效率发动机。

小·贴士
这台发动机的特征是小巧轻盈且运转平顺。

19

5 燃油的种类和用途
Gasoline Refinement

利用沸点的差异就能从原油中分离出石油!

原油蒸馏装置
利用沸点差异对液态的原油混合物进行分馏的装置

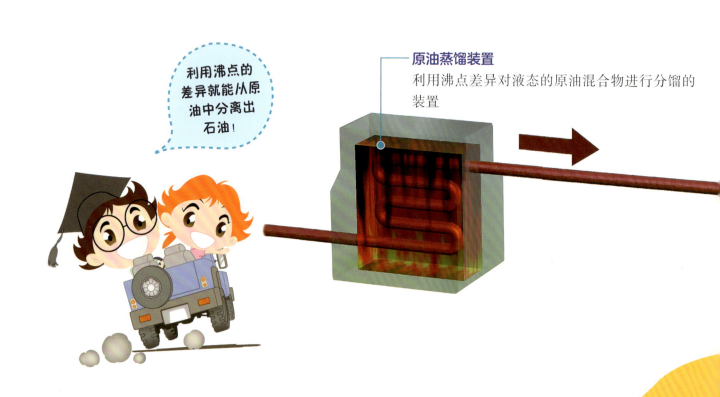

石油精炼

原油的主要成分是碳氢化合物，同时还含有微量的硫黄、氮、氧和金属等。将原油分离并获取各种石油制品的最初过程就是蒸馏。

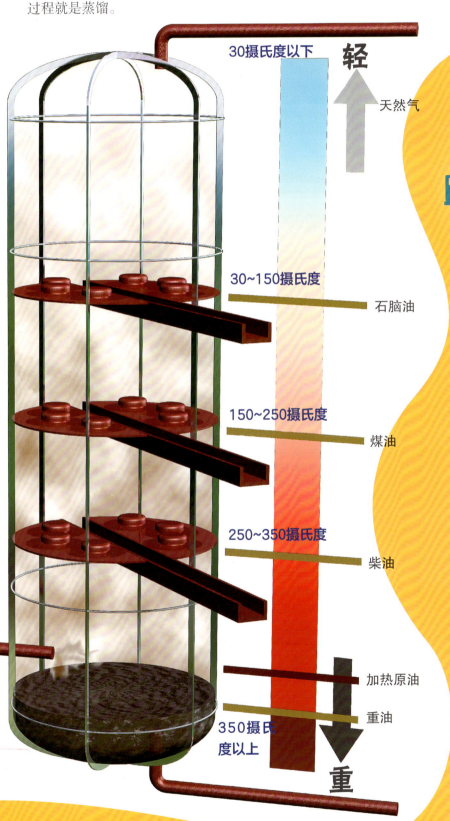

小贴士
原油的成分
利用沸点的差异对原油进行蒸馏可以得到其组成成分。

原油的种类

通过油田开采直接得到的石油称为原油，经过蒸馏后，从原油中分离提取出了以下5种产品。

● **天然气**

沸点为30摄氏度以下的原油成分
家庭供暖及烧火做饭用燃料

● **石脑油**

沸点为30~150摄氏度的原油成分
车用燃料

● **煤油**

沸点为150~250摄氏度的原油成分
飞机、家庭用燃料

● **柴油**

沸点为250~350摄氏度的原油成分
柴油发动机用燃料

● **重油**

沸点为350摄氏度以上的原油成分
船舶、工厂用燃料

6 进气系统
Air Intake System

汽车也需要"吸气"

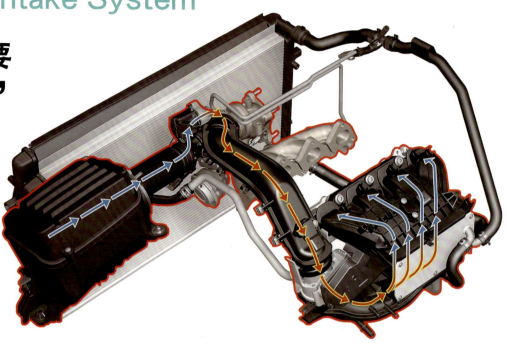

大众1.4L TSI发动机的进气系统

● 常见的进气系统

进气系统的主要功能是吸入空气,并将空气输送至气缸,供燃料燃烧时使用。发动机上有多个进气口,其中为了使发动机更好地冷却而设置的气孔也属于进气口。另外,如果汽车装载了涡轮发动机(运转时需要大量空气),则还会在发动机盖上钻大孔作为进气口。

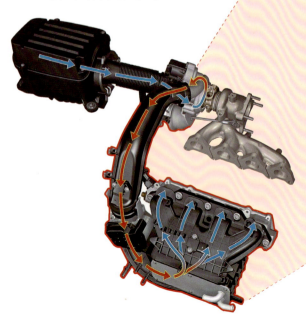

7 平顺的运转需要机油的"援手"
Oil Pump

机油泵

机油泵位于油底壳中,它的作用是向发动机输送机油。机油泵分为齿轮式、转子式及叶片式,其中常使用的是齿轮式和转子式机油泵。

- 🟡 **黄色**:将积聚在油底壳中的机油吸入机油泵,并向机油滤清器中输送。
- 🟢 **绿色**:通过机油滤清器的滤芯过滤后,干净的机油经储液器被输送至水冷式机油冷却器中。
- 🔴 **红色**:返回油底壳。

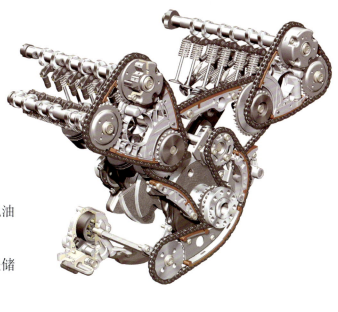

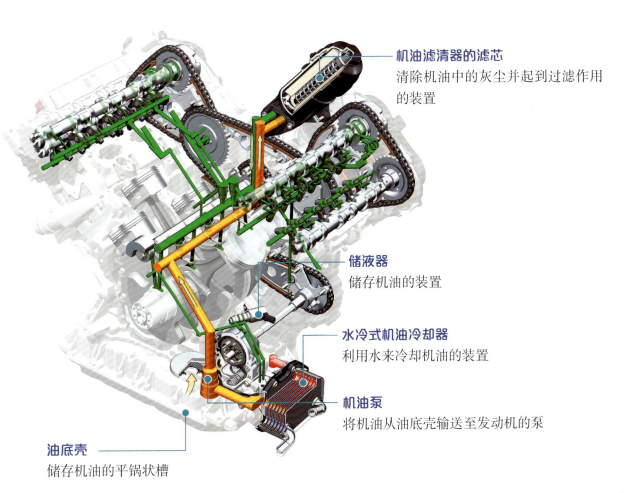

机油滤清器的滤芯
清除机油中的灰尘并起到过滤作用的装置

储液器
储存机油的装置

水冷式机油冷却器
利用水来冷却机油的装置

机油泵
将机油从油底壳输送至发动机的泵

油底壳
储存机油的平锅状槽

燃烧系统   喷出熔岩般的火焰

Ignition System

向压缩的空气中喷射燃油引发燃烧

德国发明家鲁道夫·迪塞尔以"工作完美的热机"为目标制造出了压缩点火式内燃机。在横贯大陆和海洋的交通工具中,内燃机位居最佳燃油效率动力源的榜首。下面让我们了解一下这种压缩点火式内燃机的工作过程。

1 开始向压缩空气中喷射燃油。

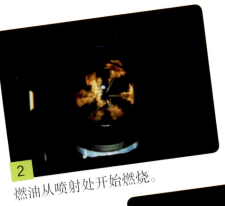

2 燃油从喷射处开始燃烧。

在活塞上设置一个可以看到燃烧室内部的视窗，通过这个视窗来观察柴油发动机的燃烧过程，拍下了这组照片。

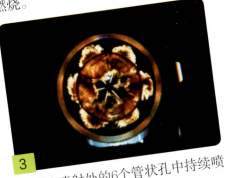

3 从燃油喷射处的6个管状孔中持续喷出燃油。

4 燃油在燃烧过程中呈现出绽开的花朵状。

小贴士
还没来得及与空气混合的燃料会作为尾气排出。

5 燃烧室内的空气将喷射出的燃油包围，并与之迅速混合。

6 当空气与燃油相互混合时，第一个花朵状的燃烧现象消失。

7 在燃油聚集的位置开始产生大面积火焰并迅速向四周扩散。

25

9 变速器 调节动力和速度
Transmission

小贴士
变速器是改变发动机转速和扭矩的装置。

动力传递装置的作用

变速器是将发动机产生的动力传递至轮胎的装置,需要通过驾驶员的准确操作来调节动力和速度。

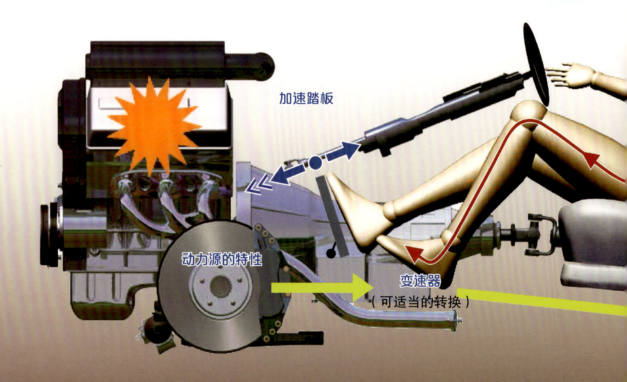

视角
加速踏板
动力源的特性
变速器（可适当的转换）

轻松时刻 换挡杆

换挡杆是用来调节汽车动力和速度的装置，起杠杆作用！

P Parking 停车挡
R Reverse 倒车挡
N Neutral 空挡
D Drive 前进挡
2 Second Gear 2挡
L Low Gear 1挡

[驾驶员=机器]
控制作用

动力的感觉

驱动汽车所需的速度和动力的关系

（+）驱动力（-）

齿轮 Gear
传递动力和速度的"中转站"

● 让我们来看一看齿轮究竟是什么

齿轮是在圆柱或圆锥上加工出多个齿来，使它们相互啮合并传递运动的装置。一对齿轮中齿数多的叫大齿轮，齿数少的叫小齿轮。

蜗轮

由蜗杆（螺旋状圆柱）和与其匹配的蜗形齿轮（螺旋齿轮）构成，主要用于汽车方向盘的转向助力装置中。

螺旋锥齿轮

螺旋锥齿轮的螺旋齿轮是曲线形状的，比直齿锥齿轮的旋转速度更快，噪声更小。

螺旋圆锥齿轮

与锥齿轮类似，螺旋圆锥齿轮的两轴以90度的角度交错，主要用于乘用车的减速装置中。

轻松时刻 汽车有哪些专业名词？

车身 指汽车的主体部分，由轻质钢材和铸铝制成。

轮胎 充入轮胎的气体并非全是空气，还有一部分氮气，因为氮气的压力受轮胎温度变化的影响较小，能够提供理想的接触力。

变速器 6速变速器与差速器安装在一起，将发动机输出的动力经变速器传递至车轮。

涂装尾处理 为了使车身拥有完美的光泽，需要接受过特别培训的技术工人进行徒手打磨，使车漆显现光泽。

制动盘 制动器上的一个旋转圆盘，在旋转的制动盘上紧压制动片就能形成摩擦，从而产生制动效果。

流线型 指在流体中移动的物体，其形状能使周围的阻力减小。应用在汽车上的流线型能够使空气从汽车上方和周边更加顺利地通过。

齿轮 在一对圆柱或圆锥上加工出齿来使其能相互啮合传递运动的机械元件，主要功能是调节车轮的速度和动力。

柴油 从原油中精炼出的一种燃料，主要用作货车及柴油乘用车的发动机燃料。

差速器（差动装置） 作为汽车的组成装置之一，用来分配发动机中的动力并传递至各车轮，使左右车轮的转动速度可以发生变化，帮助汽车在凹凸路面及弯道上轻松顺利地行驶。

四驱车 发动机的动力可传递至所有轮胎上，四驱车的四个轮胎都能驱动汽车前进。

锂电池 利用锂元素来产生电能的电池，如果电能全部消耗，则可以进行再次充电。锂电池可以作为动力源供汽车使用。

尾气管 将发动机中的废气排出到大气中的管路。

电池 将电能以化学能的形式转换和储存的装置，充电后还能再次使用。

保险杠 为了减缓碰撞事故发生时的冲击而在汽车前部和后部安装的安全装置，主要由金属、橡胶、聚氨酯或者塑料等材料制成。

超级跑车 价格昂贵，速度快且具备高性能的汽车。

燃料 通过燃烧能够获得热量、光或者动力的物质或材料。大部分汽车以汽油或者柴油为燃料。

哇！可以看到变速器的内部结构啊！

Automatic Transmission

● 戴姆勒-克莱斯勒 (Daimler-Chrysler)

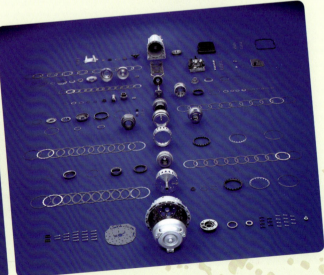

7G-TORONIC 变速器，由梅赛德斯-奔驰制造。

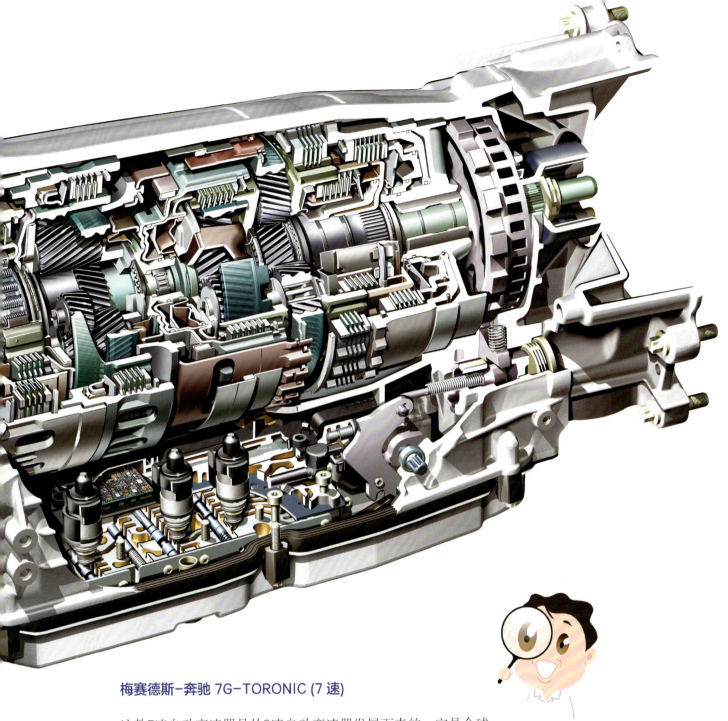

梅赛德斯-奔驰 7G-TORONIC (7速)

这款7速自动变速器是从5速自动变速器发展而来的,它是全球推出的首款超越6速的多速自动变速器。7速变速器更加节油,而且更进一步地缩短了换挡时间。

AT（自动变速器）
根据加速踏板的踩踏状态可以自动调节速度的装置。

↔

CVT（无级变速器）
与拥有有限的变速挡位的变速器不同,CVT是在给定的速度范围内可以连续变速的装置。

各种各样的自动变速器

Automatic Transmission

小·贴士

FR

FR是发动机位于汽车前部且以后轮为驱动的前置后驱形式。

● MW / ZF 6HP21(6速)

传统FR形式常采用的AT

这一款AT目前处于内部构造及控制系统改造的阶段。FR形式采用的AT主要装载于高级中大型汽车上。MW/ZF 6HP21是2002年开发的大容量6速AT，由上图中的变速器发展而来，它既延续了传统款式的形态，又在性能上有显著的提升。

● GM 6L80(6速)/传动桥

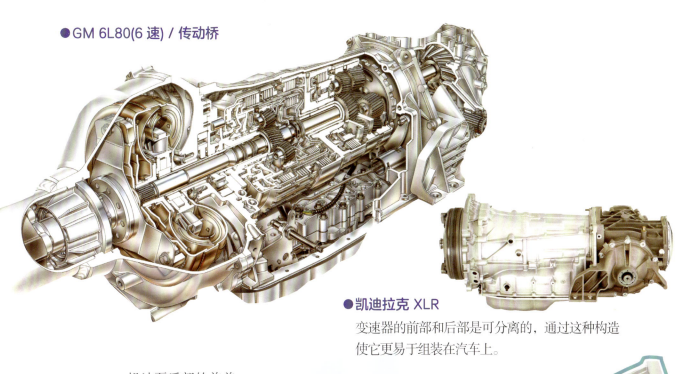

● 凯迪拉克 XLR

变速器的前部和后部是可分离的，通过这种构造使它更易于组装在汽车上。

- 机油泵后部的前盖
- 安装在AT下部的油压控制装置
- 油压控制装置的电子控制零件
- 从反方向看到FR所采用的AT

● 梅赛德斯-奔驰 W5A 330(5速)

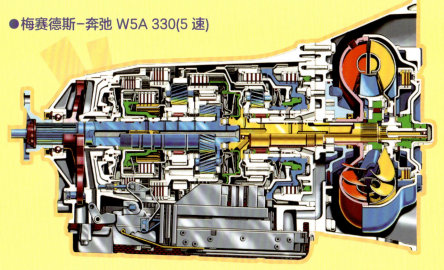

这是"老一辈"的大中型汽车所采用的5速AT。无愧于梅赛德斯-奔驰的名气，这款变速器非常牢固。

实车查看！

10 ［悬架系统］
Suspension

缓解冲击和疲劳

上面这幅图是从车底看到的悬架。悬架是吸收来自地面冲击的装置，使其无法传递到车身，减轻汽车振动，提供更舒适的驾乘感。一般悬架系统安装在汽车的前部和后部。

悬架系统！安装位置和解剖视图
Real Suspension

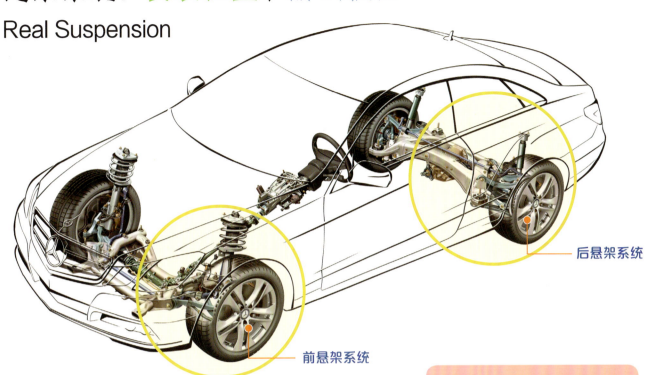

后悬架系统
前悬架系统

后悬架系统的构造

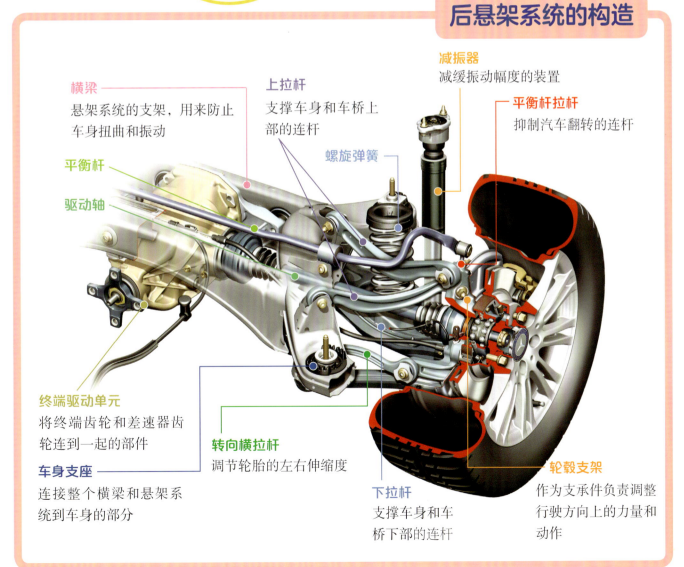

横梁
悬架系统的支架，用来防止车身扭曲和振动

平衡杆

驱动轴

上拉杆
支撑车身和车桥上部的连杆

螺旋弹簧

减振器
减缓振动幅度的装置

平衡杆拉杆
抑制汽车翻转的连杆

终端驱动单元
将终端齿轮和差速器齿轮连到一起的部件

车身支座
连接整个横梁和悬架系统到车身的部分

转向横拉杆
调节轮胎的左右伸缩度

下拉杆
支撑车身和车桥下部的连杆

轮毂支架
作为支承件负责调整行驶方向上的力量和动作

11 制动系统
Brake System
停止的"达人"

小·贴士

制动系统在驾驶员的操纵下可以使移动中的汽车停止。

什么是制动系统？

制动系统是减缓汽车的行驶速度或使汽车停止的装置，它也能使静止的汽车无法随便移动。

制动系统的工作顺序

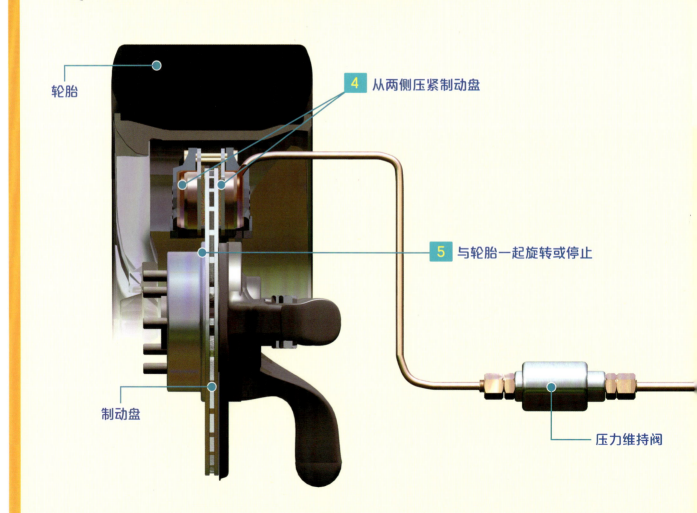

- 轮胎
- 4 从两侧压紧制动盘
- 5 与轮胎一起旋转或停止
- 制动盘
- 压力维持阀

轻松时刻 柴油发动机与汽油发动机

柴油发动机和汽油发动机有哪些不同？

这两种发动机很相似，因为它们都有气缸、活塞及曲轴等零部件。柴油发动机与汽油发动机最主要的不同之处是使用的燃油不一样。另外汽油是需要点燃的，而柴油不需要。当空气受到压缩时，柴油在气缸内得到充分加热并发生自燃。虽然汽油达到一定的温度也会自燃，但它主要还是通过点火来完成燃烧。

Brake System

当汽车以每小时100千米的速度行驶时，如果实施紧急制动，则会产生足以在3秒内使2升水沸腾的热量。

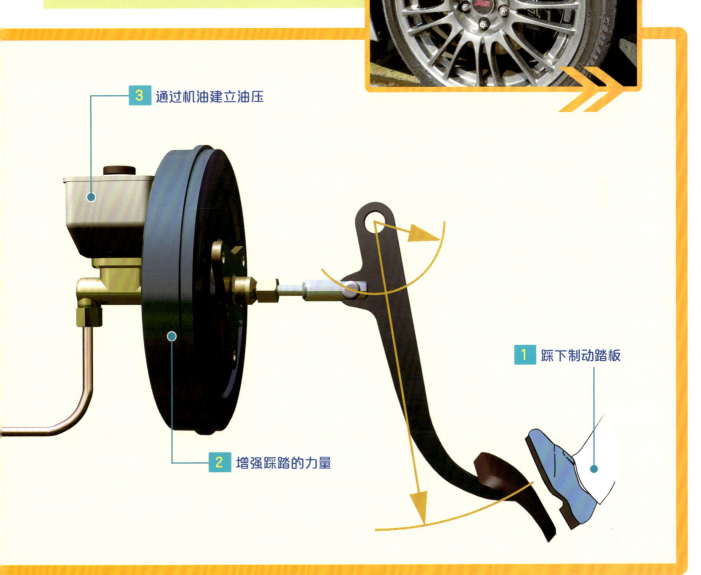

3 通过机油建立油压

2 增强踩踏的力量

1 踩下制动踏板

12 方向盘的"意愿"
Steering System 说走就走

什么是转向装置？

转向装置是用来改变汽车行驶方向的，它与前轮相连，能够操控前轮的行驶方向，使汽车按驾驶员所想的方向前行。

> 我们所知道的方向盘大部分都是圆形的，但据说以前也曾出现过杆状的方向盘。

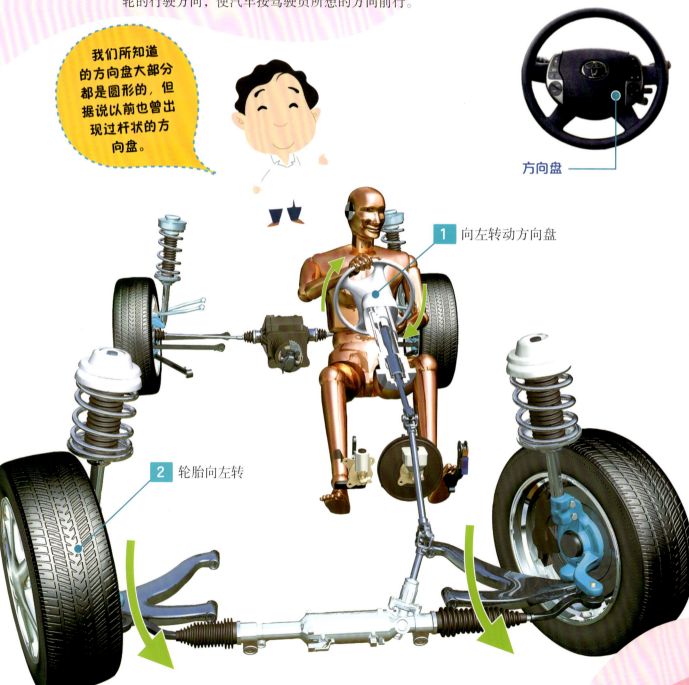

方向盘

1 向左转动方向盘

2 轮胎向左转

奔驰E级轿车(W212)的前悬架系统

下图的红色点画线是基准线。人们在转动方向盘时会感觉很轻松，也能轻易感受到轮胎的方向在随方向盘的转动而改变。

小贴士

当汽车转弯时，如果红色点画线变歪，则方向盘无法恢复到原位。

13 排气净化
Muffler
排出干净的空气

● 消音器

消音器是安装在汽车发动机排气管出口的装置，用来降低排气的噪声。近几年，消音器经过改进设计后，还能减少尾气中所含的有害气体。DPF就是这类消音器中的一种。

● DPF

DPF是安装在柴油发动机上的黑烟净化装置，主要作用是使柴油发动机尾气中所含的黑烟通过滤芯得到净化。DPF滤芯的工作原理类似于真空吸尘器的滤芯。

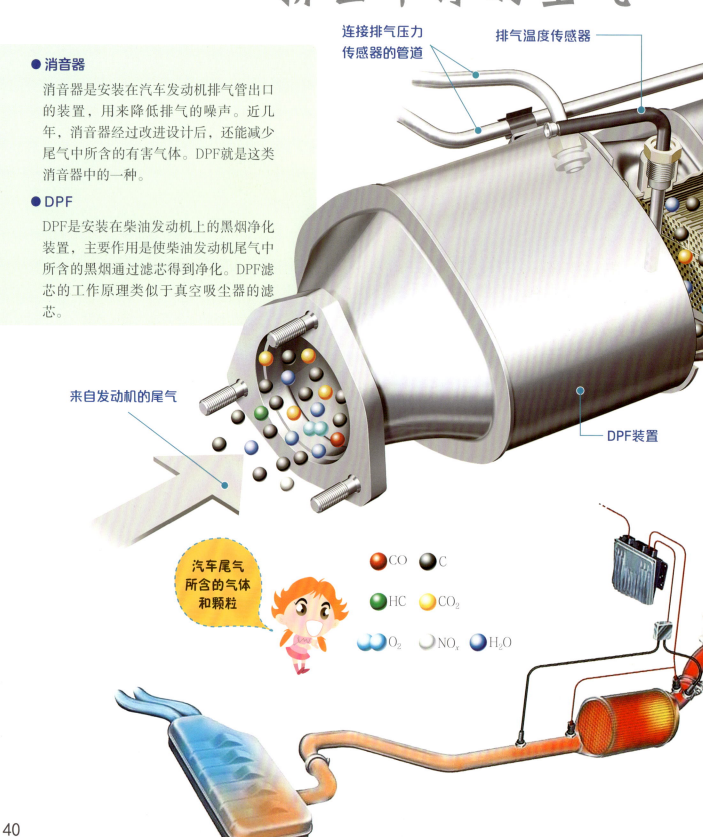

连接排气压力传感器的管道
排气温度传感器
来自发动机的尾气
DPF装置

汽车尾气所含的气体和颗粒

● CO　● C
● HC　● CO_2
● O_2　● NO_x　● H_2O

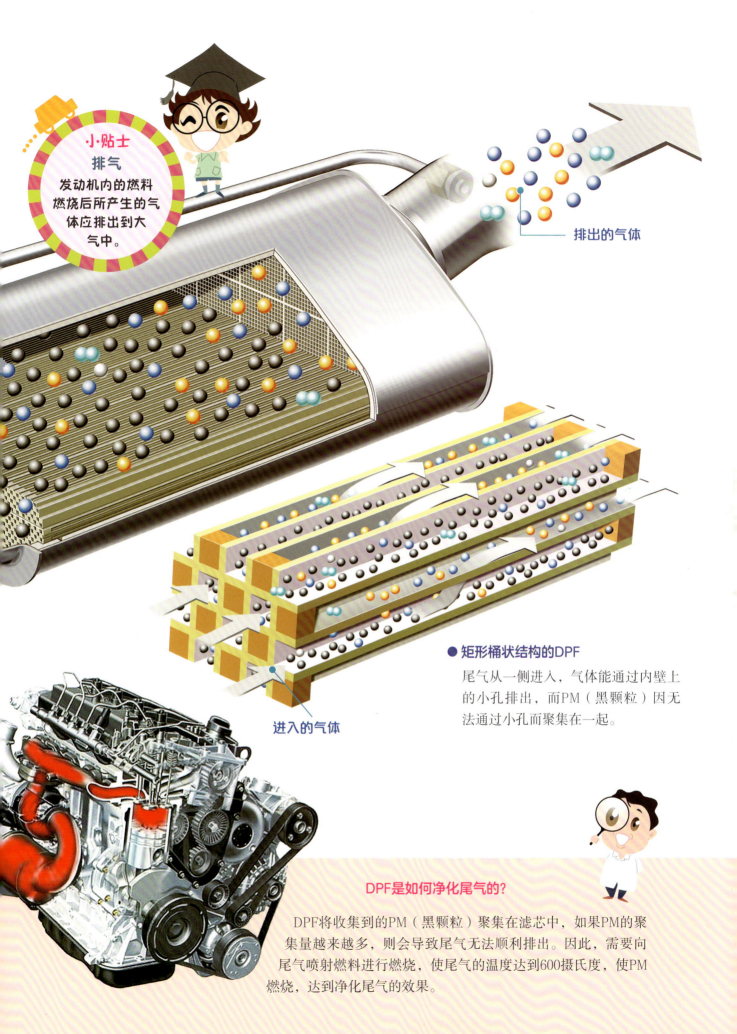

小贴士
排气
发动机内的燃料燃烧后所产生的气体应排出到大气中。

排出的气体

● 矩形桶状结构的DPF
尾气从一侧进入，气体能通过内壁上的小孔排出，而PM（黑颗粒）因无法通过小孔而聚集在一起。

进入的气体

DPF是如何净化尾气的?

DPF将收集到的PM（黑颗粒）聚集在滤芯中，如果PM的聚集量越来越多，则会导致尾气无法顺利排出。因此，需要向尾气喷射燃料进行燃烧，使尾气的温度达到600摄氏度，使PM燃烧，达到净化尾气的效果。

41

14 安全驾驶 为大家带来笑容

Safety Drive

● 配备碰撞再现装置的碰撞测试场景

上图是试验车碰撞后发生各种变化时拍摄的照片。如果使用碰撞再现装置上的碰撞模拟器，就可以在不破坏实车的前提下获得准确的碰撞资料。

轻松时刻 交通标志

 步行指示标志

 非机动车车道指示标志

 注意儿童警告标志

 禁止非机动车进入禁令标志

 人行横道指示标志

 单行路指示标志

 注意信号灯警告标志

 禁止行人进入禁令标志

可怕的碰撞试验 Collision Test

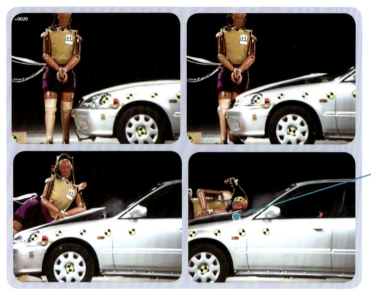

● **采用人体模型作为行人的碰撞试验场景**
当汽车撞上人体模型的腿部时，发动机舱盖会弹起，人体模型的上身落在了舱盖上，就不会与最为坚硬的仪表板相撞。

● **捷豹的保护系统**

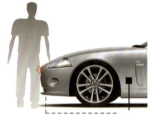

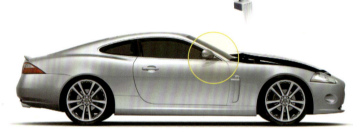

● **保护行人的发动机舱盖系统**
如果系统感知汽车接触到了行人，发动机舱盖就会瞬间自动弹起。这个系统的主要功能是避免行人与汽车上像发动机一样坚硬的装置发生碰撞。

1　　2　　3

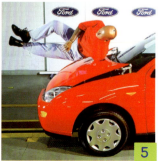

4　　5　　6

科学调查交通事故 Event Investigation

汽车企业通过调查交通事故获得大量资料，以此为基础来制定预防事故发生的对策，并将制定的对策应用于汽车的设计和制造中，然后再继续收集资料。反复进行这样的工作，使我们能够坐上更加安全、结实的汽车。

● **本田行人保护策略**

虽然汽车性能很重要，但是乘客与行人的安全更重要。基于对行人安全保护的考虑，本田开发出行人保护策略并将其应用在新车中，这项策略所需要开发的项目多种多样，在新车技术的开发中也占有一定比重。

小·贴士

行人保护策略的开发目的在于预防行人被车碰撞致死，减小行人碰撞时的受伤程度。

前挡泥板　刮水器旋转轴　前铰链　发动机舱盖　前保险杠

45

汽车是怎样制造出来的？

1. 企划
2. 设计
3. 车身框架制造
4. 零部件制造
5. 组装
6. 涂装
7. 试驾

完成！

15 汽车的"生日" 生产制造
Manufacturing Plant

嵌套，对接，转动！

车身框架制造完成后，就可以开始安装零部件了。

汽车出厂前的最后一道工序

图中工人正在翻转汽车车身上的组装零件，这样工人不用弯曲身体就能快速完成组装。

● 高效工作的工人们

1. 支撑工人身体的白色装置是本田开发的身体重量支撑系统，它本是为遭遇事故后身体不便的人们而开发的。在工厂中这个装置能为那些需要持续站立或弯曲身体工作的工人提供帮助。
2. 使用这个装置的工人可以坐着完成工作。据说为工人配备这项装置后，他们每天能完成的工作量得到了进一步提升。

工人们都在加紧制造汽车！

Assembly Line

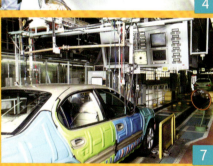

1. 图中是组装汽车方向盘的场景，因为仪表板的体积较大，所以需要最先安装在车身上。

2. 喷漆完成后，需要将车门从车身上拆下来，在辅助生产线上再进行组装。

3. 在要安装的内饰零件中，汽车座椅的体积最大，所以要最后安装。

4. 汽车前风挡玻璃的作用是保护乘客安全，维持车身稳固。

5. 工人们正在利用最尖端的装备组装汽车。

6. 组装作业顺利完成后就要开始对汽车实施各种检查，图中场景是防水试验，向汽车喷射高强度的水，检查汽车是否存在漏水处。

7. 图中场景是汽车行驶于轮毂试验台，检查汽车是否存在机械故障。

这是一本介绍汽车内部构造和简单原理的书，通过精美清晰的彩色图片，向喜爱汽车的青少年读者展现了汽车是怎样跑起来的，其中有汽车的"心脏"——发动机、汽车的"粮食"——燃油、汽车的"呼吸器官"——进排气系统、调节汽车动力和速度的变速器、缓解冲击和疲劳的悬架系统等，内容专业、丰富、有趣。

图书在版编目（CIP）数据

汽车怎么跑／（韩）金必洙；金明军译．－北京：化学工业出版社，2016.9（2023.1重印）
ISBN 978-7-122-27650-6

Ⅰ．①汽… Ⅱ．①金… ②金… Ⅲ．①汽车－儿童读物 Ⅳ．① U469-49

中国版本图书馆 CIP 数据核字（2016）第 165199 号

자동차 어떻게 갈까？ⓒ 2015 by Kim Pilsu
ISBN 978-89-97571-24-6
All rights reserved
First published in Korea in 2015 by Golden Bell
Through Shinwon Agency Co., Seoul
Simplified Chinese translation rights ⓒ 2016 by CHEMICAL INDUSTRY PRESS

未经许可，不得以任何方式复制或抄袭本书的任何部分，违者必究。
本书第43页内容按照我国国内情况重新编写。
北京市版权局著作权合同登记号：01-2016-8131

责任编辑：陈景薇　　　　　　　　　　　　装帧设计：尹琳琳
责任校对：程晓彤

出版发行：化学工业出版社（北京市东城区青年湖南街13号　邮政编码100011）
印　　装：北京宝隆世纪印刷有限公司
880mm×1230mm　1/16　印张 3½　字数 50 千字　2023 年 1 月北京第 1 版第 3 次印刷

购书咨询：010-64518888　　　　　　　售后服务：010-64518899
网　　址：http://www.cip.com.cn
凡购买本书，如有缺损质量问题，本社销售中心负责调换。

定　　价：28.00元　　　　　　　　　　　　　　　　　　　版权所有　违者必究